まちごとインド

North India 014 Varanasi
バラナシ
ガンジス河と「世界軸」
वाराणसी

Asia City Guide Production

【白地図】北インド

INDIA
北インド

【白地図】バラナシ

バラナシ

Varanasi 白地図

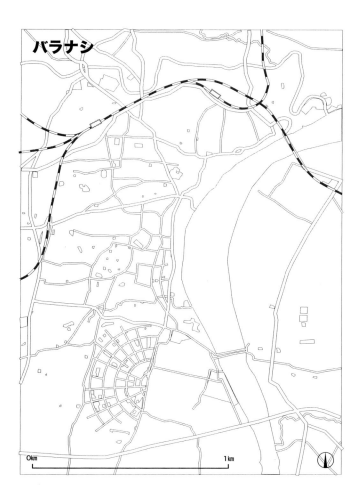

【白地図】マニカルニカーガート

INDIA
北インド

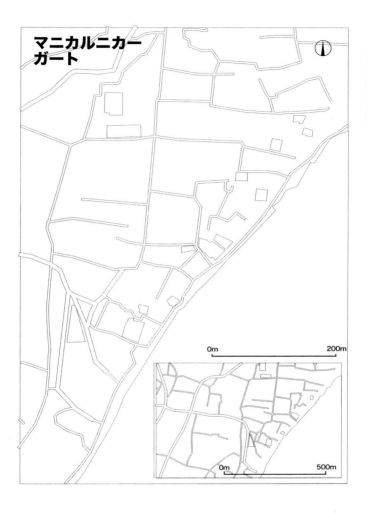

【白地図】ハリシュチャンドラガート

INDIA
北インド

【白地図】アッスィーガート

INDIA
北インド

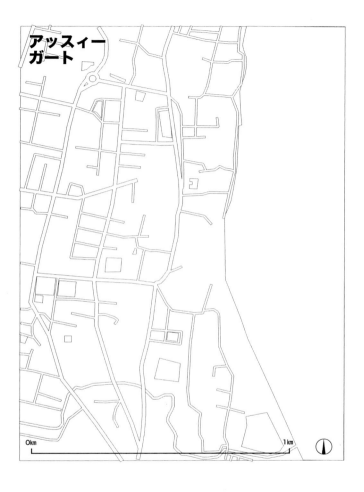

【白地図】バラナシ南部

INDIA
北インド

バラナシ南部

Varanasi 白地図

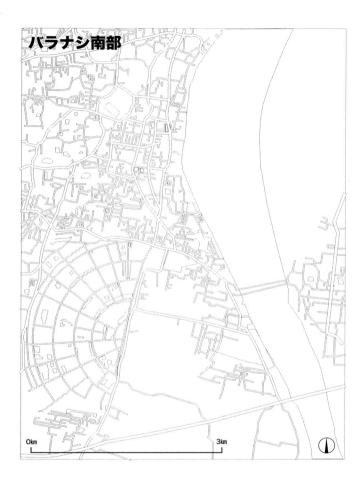

【白地図】パンチガンガーガート

INDIA
北インド

【白地図】バラナシ駅

INDIA
北インド

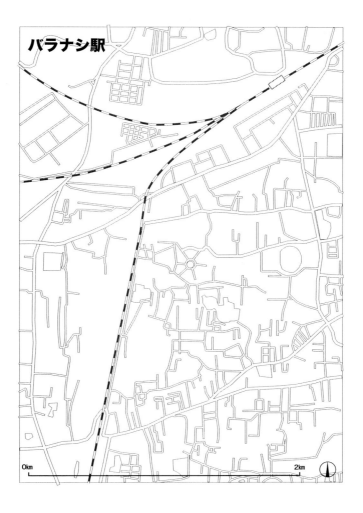

INDIA
北インド

【まちごとインド】
北インド 001 はじめての北インド
北インド 002 はじめてのデリー
北インド 003 オールド・デリー
北インド 004 ニュー・デリー
北インド 005 南デリー
北インド 012 アーグラ
北インド 013 ファテープル・シークリー
北インド 014 バラナシ
北インド 015 サールナート
北インド 022 カージュラホ
北インド 032 アムリトサル

　ガンジス河の岸辺に広がるヒンドゥー教の聖地バラナシ。ヒンドゥー教では、死後、遺灰をガンジス河に流すとその魂は天界へのぼると信じられ、ガンジス河岸辺のガートの火葬場では、むき出しのまま遺体が焼かれている。

　そうしたことからバラナシは「生と死がまじわる場所」「この世の果て」とたとえられ、ガンジス河岸辺からこの街の歴史ははじまった。街は火葬場を中心に同心円を描くように広がり、3000年ものあいだ聖地の地位をたもち続けてきた。バラナシを訪れ、ガンジス河で沐浴すると魂は清められると信

Varanasi वाराणसी
バラナシ

　じられ、インド各地からの巡礼者が集まっている。

　聖地であるがゆえ諸勢力による破壊と再生が繰り返され、18世紀以降、ラージプート、ヴィジャヤナガル、ベンガル、パンジャーブなどインド各地のマハラジャがこぞってバラナシに寺院や宮殿を建て、現在見られる沐浴用のガートが整備された。文化や言葉が異なる多様なインドにあって、バラナシはヒンドゥー世界の象徴的存在となっている。

【まちごとインド】
北インド 014 バラナシ

目次

バラナシ	xviii
人々の想いは河畔へと	xxiv
マニカルニカーガート鑑賞案内	xxxii
三叉の戟が街を支える	xlix
ハリシュチャンドラガート鑑賞案内	liv
アッスィーガート鑑賞案内	lxiv
ガンジス河畔に生きる	lxxii
バラナシ南部城市案内	lxxvii
パンチガンガーガート鑑賞案内	lxxxiii
バラナシ駅城市案内	xcii
城市のうつりかわり	ciii

INDIA
北インド

【MEMO】

【地図】北インド

INDIA
北インド

INDIA
北インド

人々の想いは河畔へと

沐浴する人々、焼かれる遺体
すべての光景が強烈な色彩となって眼瞼に灼きつく
ガンジス河の岸辺ヒンドゥー教「最高の聖地」

ガンジスのほとりで

ヒマラヤから流れるガンジス河は「母なるガンジス」と呼ばれ、インド人の心のよりどころとなってきた。古くから河そのものが信仰の対象とされ、ガンジス河で沐浴すれば、あらゆる罪やけがれが清められるのだという。サンスクリット語の聖地ティールタはもともと「水場」を意味し、ガンジス河のほとりにはハルドワール、アラハバードなど多くの聖地があり、バラナシはその最高のものとされる。

Varanasi 人々の想いは河畔へと

▲左 ヒンドゥー教徒が心のよりどころとするガンジス河。 ▲右 水を汲む親子、ガンジス河の水も生活に使われる

大いなる火葬場

バラナシで荼毘にふされ、その遺灰がガンジス河に流されると、魂は天界にゆけると信じられていることから、ヒンドゥー教徒は「バラナシで死を」「遺灰はガンジス河に」と願っている。この街にはインド中から遺体が集まってきて、ガンジス河ほとりのガートには、死者を焼くための火葬場がある。くまれた薪に遺体を乗せ、火を入れてから「数時間かけて遺体を焼く」「人間の身体が灰になっていく」という光景が絶えることなく続いている。

INDIA
北インド

バラナシの都市空間

ガンジス河の岸辺、ワルナー川とアッスィー川のあいだに開けたことから地名がとられたバラナシ。街はガンジス河に臨む火葬場マニカルニカー・ガート、シヴァ神をまつるヴィシュヴァナート寺院を中心に同心円状に広がり、結界のようにめぐらされた巡礼路が走っている。こうした信仰とともにつくられた旧市街、その北側にイギリス統治時代につくられたカントメント（新市街）、また旧市街南側のバナーラス・ヒンドゥー大学のある3つの地域に街はわけられる。3000年前から聖地の地位にあったバラナシも、聖地であるがゆえに何度も破壊をこうむり、そ

【MEMO】

Varanasi ｜ 人々の想いは河畔へと

【地図】バラナシ

【地図】バラナシの [★★★]
- [ ] ガンジス河 Ganges [★★★]
- [ ] ガート Ghat

【地図】バラナシの [★★☆]
- [ ] マニカルニカー・ガート Manikarnika Ghat [★★☆]
- [ ] バラート・マータ寺院 Bharat Mata Mandir

【地図】バラナシの [★☆☆]
- [ ] ゴードリヤー Godowlia
- [ ] ハリシュチャンドラ・ガート Harishchandra Ghat
- [ ] アッスィー・ガート Assi Ghat
- [ ] ドゥルガー寺院 Durga Mandir
- [ ] トゥルシーマーナス寺院 Tulsi Manas Mandir
- [ ] バナーラス・ヒンドゥー大学 Banaras Hindu University
- [ ] ラムナガル城 Ramnagar Fort
- [ ] パンチガンガー・ガート Panchganga Ghat
- [ ] ワルナー・サンガム Varuna Sangam

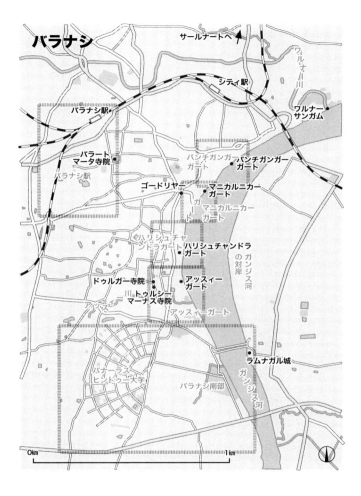

Varanasi 人々の想いは河畔へと

のたびに再建されてきた。現在の建物はほとんどが 18 世紀以降のものだという。

インド屈指の宗教都市

そこへ巡礼すれば魂が浄化されるという七聖都（ハルドワール、アヨーディヤー、マトゥラー、カーンチープラム、バラナシ、ウッジャイン、ドワールカー）、祖霊を供養するための三聖地（アラハバード、バラナシ、ガヤー）など 2000 もの聖地があると言われるヒンドゥー教にあって、ガンジス河畔に開けたバラナシはヒンドゥー教で最高格の聖地となっている。この街には 1500

▲左 ゴードリヤーの交差点からガートへ。　▲右 ガンジス河でボートに乗る

と言われるヒンドゥー寺院のほか、中世以降、イスラム勢力の侵入を受けたインドの歴史を映すように250を超すモスクがあるという。また街の郊外にはブッダがその教えをはじめて説いたサールナート（仏教の聖地）が位置する。

Varanasi　人々の想いは河畔へと

Guide,
Manikarnika Ghat

マニカルニカーガート鑑賞案内

INDIA
北インド

ガンジス河の岸辺ガート
ここで遺体が焼かれ骨まで砕かれる
ガンジス河に流された遺灰は天界へゆくのだという

गंगा；ガンジス河 Ganges ［★★★］

ヒマラヤからベンガル湾まで北インドの平原をうるおしながら流れるガンジス河（長さ 2510km）。バラナシを前に大きく蛇行して流れをヒマラヤへと向け、この街では逆流するようにガンジス河は南から北へ流れ、シヴァ神の新たな力を受けてからベンガル湾へ注ぐのだという。とくに朝のガンジス河は美しく、ヒンドゥー教ではガンジス河自体が女神として神格化されている。

Varanasi マニカルニカーガート鑑賞案内

घाट；ガート Ghat ［★★★］

ガンジス河の西岸に約5kmにわたって続く階段式の沐浴場ガート。沐浴する人々や死者が薪で焼かれるといった光景が広がる。紀元前2500年〜前1500年ごろのインダス文明でも、「水は聖なるもの」だとされ、モヘンジョ・ダロやハラッパ遺跡からも沐浴場やガートが確認されている。

मणिकर्णिका घाट；
マニカルニカー・ガート Manikarnika Ghat ［★★☆］

「街が火葬場のためにある」と言われるバラナシ。マニカル

INDIA
北インド

ニカー・ガートはその中心に位置し、インド最高の格式をもつ。ここでは死体を焼くための火が24時間絶えることなく、死体を焼く匂いがたちこめている。インド中から運ばれてきた遺体は、2〜3時間かけて焼かれたあと、竹の棒で頭蓋骨や骨が砕かれ、その遺灰はガンジス河に流される。一方、葬儀のためのお金がなかったり、赤ん坊や妊婦、ヘビに嚙まれて死んだ人などは荼毘にふされることなく、そのままの状態で流されていく（充分に生きていないなどの理由から）。

【MEMO】

【地図】マニカルニカーガート

【地図】マニカルニカーガートの [★★★]
- [ ] ガンジス河 Ganges
- [ ] ガート Ghat

【地図】マニカルニカーガートの [★★☆]
- [ ] マニカルニカー・ガート Manikarnika Ghat
- [ ] ダシャーシュワメード・ガート Dashashwamedh Ghat

【地図】マニカルニカーガートの [★☆☆]
- [ ] マニカルニカー・クンド Manikarnika Kund
- [ ] マンマンディル・ガート（ジャンタル・マンタル）Manmandir Ghat
- [ ] ヴィシュヴァナート寺院 Vishwanath Mandir
- [ ] ビシュワナート小路 Temple Town
- [ ] ゴードリヤー Godowlia
- [ ] ギャーンヴァーピー・マスジッド Gyanvapi Masjid

マニカルニカーガート鑑賞案内

INDIA
北インド

焼かれていく遺体

2本の棒に遺体をしばってガートへ向かう葬送の列。布(男性は白、女性は赤といった)でくるまれた遺体は、ガンジス河の水にひたされたあと、くみあげられた薪のうえにおかれる。白装束で身をつつんだ喪主は、身を清めてから遺体の周囲をまわり、最初の火がつけられる。遺体を焼くには50kg程度の薪が必要とされ、ここバラナシには年間1000tもの薪が運ばれてくるという。

▲左　ガンジス河畔では生と死が隣り合わす。　▲右　人々の営みが見られるガート

24時間燃え続ける炎

インドでは古代から火は聖なるものだと考えられ、バラモン教では火の神アグニが信仰され、一方、インドと同じアーリア人が進出したイランでは火を神の象徴とみる拝火教（ゾロアスター教）が信仰されていた。マニカルニカー・ガートで使われる「聖なる炎」の種火は、古代の伝説の王ハリシュチャンドラから受けたものと言われ、数千年のあいだ24時間絶えることなく燃えているという。

INDIA
北インド

मणिकर्णिका कुंड ;
マニカルニカー・クンド Manikarnika Kund [★☆☆]

マニカルニカー・ガートにある小さな池マニカルニカー・クンド。神話によると、苦行していたヴィシュヌ神のもとにシヴァ神が現れ、「願いごとを叶えよう」と尋ねると、ヴィシュヌ神は「シヴァ神のいるバラナシで永遠に暮らしたい」と答えたという。その言葉を聴いたシヴァ神は喜び、身につけていた「マニカルニカー（宝石の耳飾り）」が「クンド（池）」に落ちた。以来、ここはマニカルニカー・クンドと呼ばれるようになったいう。ヴィシュヌ神が苦行していた場所には、

Varanasi｜マニカルニカーガート鑑賞案内

その足あとが刻まれたという石が見られる。

मान मंदिर घाट ; マンマンディル・ガート（ジャンタル・マンタル）Manmandir Ghat ［★☆☆］

ジャイプルのマハラジャ、ジャイ・シン2世によって整備されたマンマンディル・ガート。ジャイプルの人々が沐浴を行なう。マンマンディル・ガート上部にそびえる褐色の宮殿マーンマハルの屋上は、ジャイプル、デリーなどでも見られる円や三角形など不思議な機器がならぶ天文台（ジャンタル・マンタル）となっている。

INDIA
北インド

दशाश्वमेध घाट；ダシャーシュワメード・ガート
Dashashwamedh Ghat ［★★☆］

バラナシでも多くの人々が集まる代表的なダシャーシュワメード・ガート。2世紀、バーラシヴァ王がここで10頭の馬を使った祭祀を行なったことから「ダシャーシュワメード（馬10頭の生贄）」と呼ばれるようになったという。祈りを唱えるバラモン僧、沐浴する人々、ガートにたたずむ人、鐘の音や物売りなどさまざまなものが一堂に介していて、日がくれたあとにはプージャ（ヒンドゥー教祭祀）が行なわれる。

▲左　夜、プージャが行なわれるダシャーシュワメード・ガート。　▲右　網の目のように細い路地がめぐる旧市街

विश्वनाथ मंदिर；
ヴィシュヴァナート寺院 Vishwanath Mandir ［★☆☆］

ヴィシュヴァナート寺院には、シヴァ神そのものと考えられるリンガがまつられ、バラナシの信仰の中心となっている（男性器リンガは生命力の象徴と見られる）。リンガの頂部に水を注ぎ、リンガをなでさすった手を自らの頭にやることでご利益を受けることができるという。この寺院の創建は5世紀にさかのぼり、シヴァ神が地上にはじめて姿を現した場所に建てられたという。度重なる破壊をこうむり、その度に再建されてきたが、現在のものは1777年、インダウル（マディヤ・

INDIA
北インド

プラデシュ州)の女王アハイヤーバーイによって再建された。その後、1839年、パンジャーブの王ランジート・シング（シク教徒）の寄進で、800kgもの純金箔で尖塔がふかれたことから、ゴールデン・テンプルの異名をとる（ヴィシュヴァナートは「世界の主宰神」)。異教徒は入ることができない。

破壊と、再生と

リンガが安置されたこの寺院の創建は5世紀にさかのぼり、イスラム勢力の侵入を受ける12世紀まではヴィシュヴェーシュヴァラ寺院と呼ばれていた。1193年、中央アジアから

▲左 リキシャはここまで、ゴードリヤーの交差点。　▲右 ガートで出逢った人々、それぞれの想いを胸に秘める

インドへ進入したゴール朝のムハンマドによって破壊され、その後、デリー・サルタナット朝、ムガル帝国といったイスラム王朝時代に6度破壊され、そのつど再建されてきた（両宗教の融和を目指したムガル帝国第3代アクバル帝治下ではヴィシュヴェーシュヴァラ寺院が再建されたが、第6代アウラングゼーブ帝の時代に再び破壊された）。異教徒の破壊をこうむると居場所を求めて、リンガはバラナシの街をさまよったと伝えられている。

INDIA
北インド

ज्ञानवापी ;
ギャーンヴァーピー（智慧の泉）Gyanvapi ［★☆☆］

ヴィシュヴァナート寺院に隣接する直径3mほどの井戸ギャーンヴァーピー。ここはバラナシにめぐらされた巡礼路の出発地となっていて、口をすすいで身を清め、誓願をかける人々の姿がある。

Varanasi マニカルニカーガート鑑賞案内

विश्वनाथ गली；ビシュワナート小路 Temple Town［★☆☆］

ヴィシュヴァナート寺院への門前町、ビシュワナート小路。細い路地の両脇に店がひしめきあい、軒先には花輪や数珠、線香などシヴァ神に捧げるための品がならんでいる。

गोदौलिया；ゴードリヤー Godowlia ［★☆☆］

入り組んだ路地が続くバラナシ旧市街では、リキシャやクルマはゴードリヤーの交差点より先に進むことができない。そのためゴードリヤーがガンジス河岸辺への足がかりになっている。

三叉の戟が街を支える

Varanasi　ニューデリー城市案内

あらぶるシヴァ神は破壊と生命力を象徴する
男性器に見立てられるリンガ、第3の目から発せられる光線
シヴァ神はヴィシュヌ神とならんでインドでもっとも人気の高い神様

シヴァ神の守護する街

古代インドの叙事詩『マハーバーラタ』『ラーマーヤナ』にもシヴァ神の棲む街バラナシ（カーシー）の記載がある。シヴァ神の三叉の戟（げき）で支えられたバラナシは、小石にいたるまでシヴァ神が宿ると信じられ、どのような洪水が起きようと、世界の終わりがきても街は沈まないという。三叉の戟の先は、中心のヴィシュヴァナート寺院とその南北のケーダーレーシュヴァラ寺院、オーンカーレーシュヴァラ寺院のリンガがそれぞれにあたるという。

INDIA
北インド

シヴァ信仰の体系

破壊と生命力を象徴するシヴァ神への信仰は、インダス文明にさかのぼり、毎年のようにインドを襲い、この地に破壊と恵みをもたらしてきたモンスーンが神格化されたと言われる。この原住民の神と『リグ・ヴェーダ』で描かれた暴風神ルドラを同一視することでシヴァ信仰が形成されるようになった。世界を破壊するときは黒いマハーカラ（大黒天）の姿で現れ、またサティー、パールヴァティー、ドゥルガー、カーリーなどの女神を妃として、ガネーシャ、スカンダを息子として、シヴァ信仰にとりこんでいる。

▲左 バラナシへ巡礼に訪れた人。 ▲右 シヴァ神はヴィシュヌ神と人気を二分する

シヴァ神の姿とは

額に光線を発する第3の目をもち、三叉の戟と大鼓をもつ腕は4本あるというシヴァ神。身体に蛇をまきつけ、聖牛ナンディンに乗るというイメージでその姿は描かれてきた(生命エネルギーの躍動から踊っている彫刻も多く見られる)。またヨーニ(女陰)をつらぬくリンガ(男性器)は、新たな生命を生み出す生命力の象徴で、シヴァ神そのものと考えられている。ヴィシュヴァナート寺院はじめバラナシのいたるところでこのリンガを目にすることができる。

INDIA
北インド

ガンジス河の降下

天界を流れるガンジス河が地上に降下したのは、聖者バギラータが親族の魂を浄化させるために長年、苦行を行なったからだという。いざガンジス河が降下することになって、その水量があまりに多いため、シヴァ神がガンジス河を頭上で受けとめ、河はその髪の毛を伝わって地上に流れるようになった。こうしてヒマラヤからくだったガンジス河はヒンドゥスタン平原をうるおし、海に注いでから、再び、天界へ戻ると考えられている。

Guide, Harishchandra Ghat
ハリシュチャンドラガート鑑賞案内

INDIA
北インド

もうひとつの火葬場ハリシュチャンドラ・ガート
赤と白の縞模様のケダル・ガート
ガンジス河岸辺に生きる人々の営み

केदार घाट ; ケダル・ガート Kedar Ghat ［★☆☆］

隣接するヴィジャヤナガラム・ガートとともに、赤と白の横じま模様で彩られた階段をもつケダル・ガート。上部の寺院は階段と違って縦じま模様で、ヒマラヤ山中にあるケダルナート寺院からうつされたシヴァ神がまつられている。ヴィジャヤナガルの王の寄進で建てられたもので南インドからの巡礼者が訪れる。

Varanasi | ハリシュチャンドラガート鑑賞案内

हरिश्चंद्र घाट ; ハリシュチャンドラ・ガート
Harishchandra Ghat ［★☆☆］

マニカルニカー・ガートとならぶ火葬場ハリシュチャンドラ・ガート。マニカルニカー・ガートよりも南に位置し、規模も小さい。ガート名は、火葬のための聖なる炎をあたえたという伝説上の王ハリシュチャンドラの名前に由来する。

चेत सिंघ घाट ;
チェートシン・ガート Chet Singh Ghat ［★☆☆］

バラナシのガートでも屈指の美しさを見せるチェートシン・

【地図】ハリシュチャンドラガート

【地図】ハリシュチャンドラガートの [★★★]
- [ ] ガンジス河 Ganges
- [ ] ガート Ghat

【地図】ハリシュチャンドラガートの [★★☆]
- [ ] マニカルニカー・ガート Manikarnika Ghat
- [ ] ダシャーシュワメード・ガート Dashashwamedh Ghat

【地図】ハリシュチャンドラガートの [★☆☆]
- [ ] ケダル・ガート Kedar Ghat
- [ ] ハリシュチャンドラ・ガート Harishchandra Ghat
- [ ] チェートシン・ガート Chet Singh Ghat
- [ ] イスラム教徒居住区 Muslim Area
- [ ] ゴードリヤー Godowlia

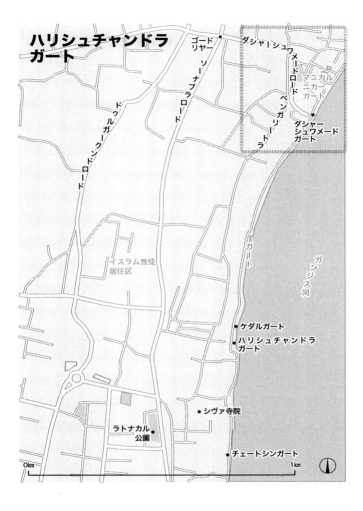

INDIA
北インド

ガート。ガートの後部には、堂々とした赤砂岩の威容をもつチェートシン宮殿が見える。チェートシンは18世紀後半のバラナシの領主（ザミンダール）で、インドへの野心を見せるイギリスに対して反乱を起こしたことで知られる。

मंदिर；ガンジス河に臨む寺院（宮殿）Mandir [★☆☆]

現在、バラナシで見られるガートは、ムガル帝国が弱体化し、各地方の勢力が台頭した18世紀以降に整備されたものとなっている。ジャイプル、マラータ、カシミールなど各地のマハラジャ（藩王）はバラナシに寺院や別荘を建立し、マ

▲左 カラフルなケダル・ガート。　▲右　ガンジス河に面して寺院が建ちならぶ

ハラジャが巡礼したときの宿泊地とした。またインド各地からの巡礼者は自らの地域、宗派で決められたガートで沐浴する（ジャイプルの人はマンマンディル・ガート、アラハバードの人はプラヤーガ・ガートでというように）。

インド中から集められた神々

バラナシにはインド各地から神々がうつされていて、ここで祈れば現地に行ったのと同じ御利益があると信じられている。インド西端の聖地ソームナートに祀られたソーメーシュヴァラ、インド北部ヒマラヤ山中の聖地ケダルナートに祀ら

INDIA
北インド

れたケーダーシュヴァラ、南インドのラーメシュワラムに祀られたラーメーシュヴァラなどがそれにあたる。

विपरीत किनारे; ガンジス河の対岸 Opposite Bank [★☆☆]

ガンジス河西岸にならぶ建物に対して、その対岸には建物がなく、無人の荒野が広がっている。対岸は「不浄である（東岸で死ぬとロバに生まれ変わるとも言われる）」と考えられているためで、ガンジス河を流れてきた人骨やごつごつとした石が転がる殺伐とした光景が見られる。朝になると、この東岸からのぼる太陽に向かって沐浴する人々の姿がある。

▲左　ガンジス河の対岸には何もない。　▲右　ガートで遊ぶ子どもたち

मुस्लिम क्षेत्र；イスラム教徒居住区 Muslim Area ［★☆☆］

バラナシ中心部から南部にかけてイスラム教徒の居住区があり、ヒンドゥー教徒と共存してきた。バラナシのイスラム教の伝統は、1193年にゴール朝のムハンマドに占領されて以来のもので、18世紀のムガル帝国アクバル帝の時代にはムハンマダーバード(ムハンマドの都市)と呼ばれることもあった。街の特産品である絹織物職人の多くはイスラム教徒で、この職業の地位が低かったために多くのヒンドゥー教徒が改宗したという経緯をもつ。現在、バラナシの人口の30％程度がイスラム教徒だと言われ、パキスタンの国語となってい

INDIA
北インド

るウルドゥー語はこの街でも発達することになった。

バラナシの産業

宗教都市バラナシは、絹製品などの手工業が発達した街という顔もあわせもつ。金や銀の糸を縫いこむなど趣向がこらされたサリー（インド女性がまとう）、ガンジス河の水をいれるための真ちゅうの瓶や壺、その他の細工品や木工品の品質の高さも知られ、手作業でつくられた後、インド中に運ばれていく。

Guide, Assi Ghat
アッスィーガート鑑賞案内

INDIA
北インド

ガート南部のアッスィー・ガート
ここでアッスィー川がガンジス河に合流し
ドゥルガー寺院やトゥルシーマーナス寺院も位置する

तुलसी घाट；トゥルシー・ガート Tulsi Ghat ［★☆☆］

トゥルシー・ガートは、16世紀の詩人トゥルシーダースがこのあたりで詩を詠んでいたことからこの名前がつけられた。トゥルシーダースが古代インドの叙事詩『ラーマーヤナ』を『ラームチャリトマーナス』としてやさしい言葉で書きなおしたことで、この物語は広く民衆に読まれることになった。そのために北インドでは理想的な性格をもつラーマ（ヴィシュヌ神の化身と見られる）の信仰が、人々のあいだで受けいれられるようになったという。

▲左　ガート南部に位置するアッスィー・ガート。　▲右　沐浴する人、身体を洗う人

अस्सी घाट；アッスィー・ガート Assi Ghat ［★☆☆］

アッスィー川がガンジス河に注ぐあたりは、バラナシでもっとも古い伝統をもつ聖域と考えられ、かつてここはローラールカ・ガートと呼ばれていた。このあたりのローラールカ・クンド（震える太陽神の池）という井戸やアルカ（太陽）ヴィナーヤカ神の祠などが残っているように、この地では太陽信仰が行なわれていたという。8〜12世紀の太陽神の神像が見つかっているが、シヴァ信仰が優勢になったため、名前もアッスィー・ガートと変わった。

INDIA
北インド

太陽神スーリヤからシヴァ神へ

シヴァ神の天空の城は、太陽や月よりも輝いていて、それをねたんだ太陽神スーリヤは、シヴァ神のいないうちにその城を滅ぼすことにした。城を破壊されたシヴァ神は怒り、第3の目から光線を放ってスーリヤ神を倒してしまった。バラナシに落ちたスーリヤ神は、ここで沐浴していると清められ、その罪を許されたのだという。もともとスーリヤ神への信仰は古い伝統をもつが、この神話はヒンドゥー教の興隆とともにシヴァ神の力が増したことを物語っている（ヒンドゥー教はバラモン教と土着の信仰があわさって徐々に形成された）。

【MEMO】

【地図】アッスィーガートの [★★★]
- [ ] ガンジス河 Ganges
- [ ] ガート Ghat

【地図】アッスィーガートの [★☆☆]
- [ ] トゥルシー・ガート Tulsi Ghat
- [ ] アッスィー・ガート Assi Ghat
- [ ] ドゥルガー寺院 Durga Mandir
- [ ] トゥルシーマーナス寺院 Tulsi Manas Mandir
- [ ] ケダル・ガート Kedar Ghat
- [ ] ハリシュチャンドラ・ガート Harishchandra Ghat
- [ ] チェートシン・ガート Chet Singh Ghat

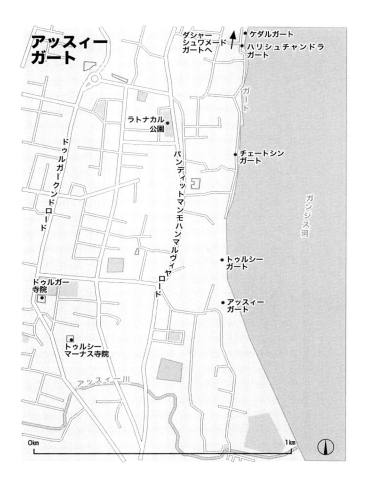

INDIA
北インド

दुर्गा मंदिर ; ドゥルガー寺院 Durga Mandir [★☆☆]

凶暴な性格、強い生殖力、生命力をもち、血を好む恐ろしいドゥルガー女神が祀られた寺院。その性格をあらわすように中央のシカラ、本体、壁面ともに真っ赤にぬられている。ドゥルガー女神はもともと生命を育む大地母神としてベンガル地方で信仰されていたが、シヴァ信仰が成長するなかで、シヴァ神の妻とみなされるようになった（シヴァ信仰がドゥルガー信仰をとりこんだ）。このドゥルガー寺院は、ベンガルの王妃の寄進によって建てられたもので、境内に野生の猿が多いところから、モンキー・テンプルの名で親しまれている。

▲左　沐浴して身を清める男性。　▲右　バラナシでは動物も人と同様に闊歩する

तुलसी मानस मंदिर ;
トゥルシーマーナス寺院 Tulsi Manas Mandir ［★☆☆］

古代インドの叙事詩『ラーマーヤナ』の主人公ラーマ王子とシーター姫が本尊に祀られたトゥルシーマーナス寺院。寺院名は『ラーマーヤナ』をかんたんな言葉で書きなおした詩人トゥルシーダースに由来する。トゥルシーダースはイスラム勢力の統治下にある16世紀のバラナシに生き、人々はトゥルシーダースの言葉を通して『ラーマーヤナ』の物語を知った。この寺院は1964年、バラナシの富豪の寄進で建てられ、近くにはトゥルシーダースが詩を詠んでいたというガート（トゥルシー・ガート）がある。

ガンジス河畔に生きる

INDIA 北インド

沐浴する人、死へ向かう人
世を捨て信仰に生きる人
ガンジス河の岸辺では生と死が交錯した世界が広がる

朝日に沐浴する人

ヒンドゥー教では「浄」「不浄」の概念が発達していて、ガンジス河で沐浴すると「あらゆる罪が洗い流される」と信じられている。河の水を両手で自らの身体に注ぐだけでなく、自らの鼻をつまんで河にもぐったり、口にふくんでうがいをする人も見られる。とくにバラナシにもともとあった太陽信仰とあいまって、ガンジス河の対岸からのぼる朝日を受けながら沐浴する人が多く、「日が地平線に昇る瞬間、その神聖は極まる」と三島由紀夫は述べている(『暁の寺(豊穣の海)』)。

Varanasi

ガンジス河畔に生きる

求道するサンニャーシン

サンニャーシンと呼ばれるヒンドゥー教の行者たちは、それまでの職業を捨て、家族とわかれて求道の旅を続けている。人生の真理を求めて出家した彼らは、「すべてを捨てた人」と呼ばれ、ヒンドゥー教徒から食事などのほどこしを受ける。黄色い袈裟に身をまとい、額に赤の印をつけ、マントラを唱える姿がガートなどで見られる。インドではこのような真理を求めて出家した人々は尊敬のまなざしを受けていて、サンニャーシンのなかでも徳の高い人は、サドゥーと呼ばれている。

INDIA
北インド

生活を営む人々

ガンジス河畔では、この河の水を使って生活を営む人々の姿も見られる。泳ぐ人、トイレやシャワー用として水を汲みあげる人、ガンジス河で洗った着物をたたきつけてから岸辺に干す人、ボート乗りもいる。ガンジス河の水は「聖性が宿る」と考えられているため、その水(ガンガージャル)を瓶につめてもちかえる人も多い。ヒンドゥー教では、動物も人間と同じように扱われ、無駄な殺生が戒められていることから、旧市街、ガートなど、いたるところで牛、ロバや犬などの動物を見ることができる

▲左　世を捨て真理を求める。　▲右　インドでは新中間層も台頭している

各地から集まる巡礼者

バラナシ旧市街にはインド各地から集まってくる巡礼者のために、タミル宿、ムンバイ宿、ベンガル宿、パンジャーブ宿など各地方出身者のための巡礼宿が用意されている。お金がない人のなかには、数ヵ月の月日をかけて喜捨を受けながら歩いて巡礼に訪れる人もいるという。またバラナシで最期のときを迎えれば、「魂は天界へ召される」と信じられ、死を迎える人々が最期のときを過ごすムクティ・バワン（解脱の館）、シャーンティ・バワン（平和の館）などの施設がある。そこではヒンドゥー教の経典が読まれ、静かに最期のときを迎える人々が過ごしている。

Guide, South Varanasi
バラナシ南部城市案内

広大な敷地をもつバナーラス・ヒンドゥー大学
ガンジス河をはさんで対岸には
マハラジャのラムナガル城が残る

काशी हिन्दू विश्वविद्यालय ; バナーラス・ヒンドゥー大学
Banaras Hindu University ［★☆☆］

バラナシの南部に位置するバナーラス・ヒンドゥー大学は、アジア最大級の規模のキャンパスをもつ。1916年に街の南につくられた大学構内には新ヴィシュヴァナート寺院（異教徒も入ることができる）、ヒンドゥー彫刻や細密画を展示したインド美術館も備えられている。古代バラモンやブッダが生きた時代からバラナシには学問の伝統があり、イスラム勢力の統治下にあった15～16世紀にもチャイタニヤ、ヴァッラバなどのヒンドゥー教聖者、トゥルシーダースなどの詩人

を生んでいる。

रामनगर किला；ラムナガル城 Ramnagar Fort ［★☆☆］

バラナシの街からガンジス河をはさんだ対岸の上流（南）に位置するラムナガル城。ガンジス河を船で渡る、乾季に浮き橋を渡るという方法で訪れることができる。ここはムガル帝国が弱体化した18世紀に成立したバラナシ藩王国のマハラジャが住んだ居城で、現在でもその一族が暮らしている。藩王国は大小560におよび、バラナシ藩王国は比較的小さなものだったが、インド共和国成立後もマハラジャと呼ばれ、人々

【MEMO】

Varanasi | バラナシ南部城市案内

【地図】バラナシ南部の [★★★]
- [ ] ガンジス河 Ganges

【地図】バラナシ南部の [★★☆]
- [ ] ダシャーシュワメード・ガート Dashashwamedh Ghat
- [ ] マニカルニカー・ガート Manikarnika Ghat

【地図】バラナシ南部の [★☆☆]
- [ ] バナーラス・ヒンドゥー大学 Banaras Hindu University
- [ ] ラムナガル城 Ramnagar Fort
- [ ] ゴードリヤー Godowlia
- [ ] ケダル・ガート Kedar Ghat
- [ ] ハリシュチャンドラ・ガート Harishchandra Ghat
- [ ] トゥルシー・ガート Tulsi Ghat
- [ ] アッスィー・ガート Assi Ghat
- [ ] ドゥルガー寺院 Durga Mandir

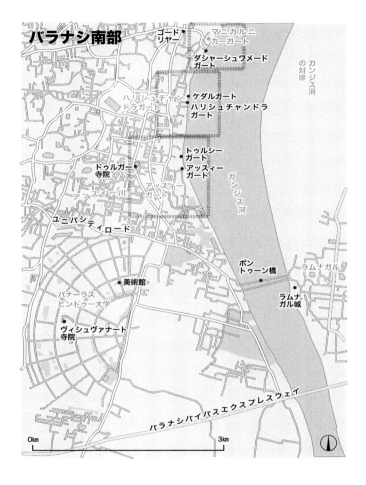

INDIA
北インド

に親しまれてきた。バナーラス・ヒンドゥー大学に領地の一部を寄進したり、『ラーマーヤナ』の野外劇を催すなどマハラジャの一族は代々、学問、芸術の保護につとめ、城内にはマハラジャの集めた品々がならぶ城塞博物館がある。

Guide, Panchganga Ghat
パンチガンガーガート鑑賞案内

パンチガンガー・ガートをのぼったところには
アウラングゼーブ帝によるモスクが立つ
ヒンドゥーとイスラムの交わり

पंचगंगा घाट; パンチガンガー・ガート Panchganga Ghat [★☆☆]

パンチガンガーとは「5つのガンジス河」のことで、ここはガンジス河、ジャムナ河にくわえて、幻の大河であるサラスワティー河、ドゥーパパパー河、キナーラー河の5つの河が合流する聖地だと考えられている。階段をあがった先にチュホター・マスジッドがそびえている。

औरंगजेब मस्जिद; チョター・マスジッド Chhota Masjid [★☆☆]

パンチガンガー・ガートをのぼったところに立つチョター・マスジッド（小モスク）。イスラム教の熱心な信者であった

INDIA
北インド

ムガル帝国第6代アウラングゼーブ帝の命で建てられた。前面に3つのイワンをもつ石造りの建築で、ガンジス河岸辺からもその姿を確認できる。もともとここにはヒンドゥー寺院があったがそれをとり壊して、その石材が利用された。

बिंदुमाधव मंदिर ;
ビンドゥ・マーダヴァ寺院 Bindu Madhav Temple [★☆☆]

チョター・マスジッドのわきに立つビンドゥ・マーダヴァ寺院。シヴァ信仰が盛んなバラナシにあって、ここはヴィシュヌ派の寺院となっている。古くからあったヒンドゥー寺院は

【MEMO】

【地図】パンチガンガーガート

【地図】パンチガンガーガートの [★★★]
- [ ] ガンジス河 Ganges
- [ ] ガート Ghat

【地図】パンチガンガーガートの [★★☆]
- [ ] マニカルニカー・ガート Manikarnika Ghat
- [ ] ダシャーシュワメード・ガート Dashashwamedh Ghat

【地図】パンチガンガーガートの [★☆☆]
- [ ] パンチガンガー・ガート Panchganga Ghat
- [ ] チョター・マスジッド Chhota Masjid
- [ ] ビンドゥ・マーダヴァ寺院 Bindu Madhav Temple
- [ ] ギャーンヴァーピー・マスジッド Gyanvapi Masjid
- [ ] マンマンディル・ガート（ジャンタル・マンタル）Manmandir Ghat
- [ ] ヴィシュヴァナート寺院 Vishwanath Mandir

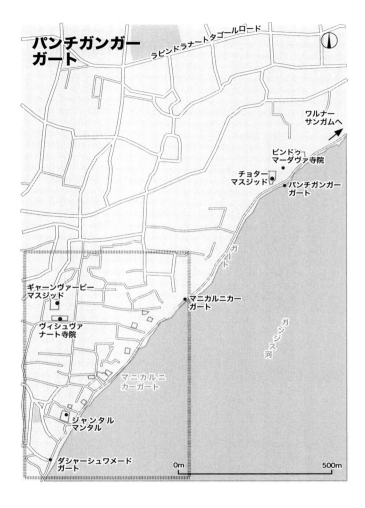

ムガル帝国第6代アウラングゼーブ帝に破壊され、モスクが建てられたため、そのわきに再建された。

ज्ञानवापी मस्जिद ;
ギャーンヴァーピー・マスジッド Gyanvapi Masjid[★☆☆]

高くそびえるミナレットと白色の壁面が印象的なギャーンヴァーピー・マスジッド。アウラングゼーブ帝の時代、現在のヴィシュワナータ寺院にあたるヴィシュヴェーシュヴァラ寺院を破壊し、その石材をもちいて建てられた（ヒンドゥー寺院は、イスラム勢力に幾度となく破壊された）。

▲左 アウラングゼーブ帝によるモスク、ガートからも見える。　▲右 旧市街の物売り、周囲の農村から物資が集まる

全インドをイスラム教徒に

インド最大のイスラム王朝と言われるムガル帝国。第3代アクバル帝、第4代ジャハンギール帝の時代にはヒンドゥー教徒とイスラム教徒の融和が試みられ、双方の宗教が尊重された。けれども第6代アウラングゼーブ帝は熱心なイスラム教徒で、全インドをイスラム化するべくデカン高原で征服戦争を繰り返した。バラナシに残るアウラングゼーブ帝によるモスクもこの時代にヒンドゥー寺院を壊して建てられたもので、やがて地方勢力によるムガル帝国への離反がはじまった（アウラングゼーブ帝の時代の1669年にヒンドゥー寺院の破

INDIA
北インド

壊命令が出された)。

वरुण संगम; ワルナー・サンガム Varuna Sangam [★☆☆]

ワルナー川がガンジス河にそそぐ合流点にあたるワルナー・サンガム。古くバラナシの街はこのあたりに開け、次第に南に広がっていったという。ここはシヴァ神に派遣されたヴィシュヌ神が最初に訪れた場所だとされ、ヴィシュヌ神が建てたというリンガがまつってある。バラナシの中心から少し離れているため、静かな時間が流れている。

Guide, Varanasi R.S.
バラナシ駅
城市案内

INDIA
北インド

バラナシ駅のすぐ南を走るグランド・トランク・ロード
それは中央アジアからベンガルへ続く
覇王の道だった育まれた

भारत माता मंदिर ;
バラート・マータ寺院 Bharat Mata Mandir [★★☆]

「インドの母なる寺院（バーラトはインド、マータは母を意味する）」と呼ばれるバラート・マータ寺院は、イギリス植民地時代の1936年に建てられた。当時、イギリス支配のなかでインドに主権はなく、その富は海外へ流れ続けていた。そうした状況のなか、この寺院はインドの独立と統一の願いをこめて造営され、その祝典でガンジーは「インドはひとつである」という演説をしている。寺院内にはインド洋海岸からヒマラヤ山脈にいたる広大なインド国土の立体図がおかれている。

▲左 ガンジーが演説した、バラート・マータ寺院。　▲右 活気ある街、経済成長もいちじるしい

कबीर साहिब मंदिर；
カビール寺院 Kabir Sahib Temple ［★☆☆］

ヒンドゥー教の改革派と見られるカビール派の寺院。四方に白大理石の回廊をめぐらせ、その中央の本体上部のドームには尖塔が立っている。この様式はヒンドゥー教、イスラム教双方の様式をとり入れたもの。バラナシに生まれた宗教詩人カビールは、ヒンドゥー教のなかにイスラム教の教えをとりこむことで両宗教の融合を試みた人物で、この寺院にはカビールの遺骨が納められている。カースト制が根づいたインドにあって、ありとあらゆる人に門を開いたことから、カ

INDIA
北インド

ビールは人々の尊敬を集め、ヒンドゥー教、イスラム教、シク教などさまざまな宗教を信仰する人々が巡礼に訪れる（ヒンドゥー教徒の沐浴に否定的で、寺院はガンジス河から離れたところに位置する）。

【MEMO】

Varanasi バラナシ駅城市案内

【地図】バラナシ駅

【地図】バラナシ駅の ［★★☆］
- [ ] バラート・マータ寺院 Bharat Mata Mandir

【地図】バラナシ駅の ［★☆☆］
- [ ] カビール寺院 Kabir Sahib Temple
- [ ] グランド・トランク・ロード Grand Trunk Road

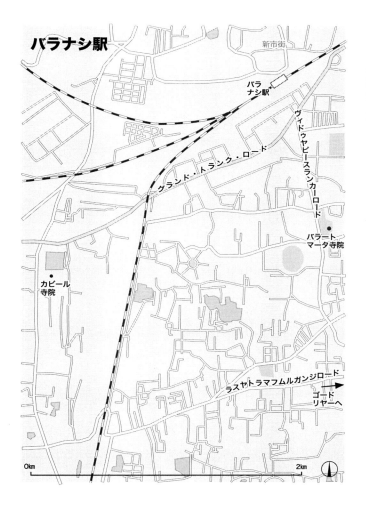

INDIA
北インド

バラナシに生まれた宗教詩人カビール

16世紀、織物工の家系に生まれたカビール。当時、織物工の地位は低かったため、彼の一族は数代前にヒンドゥー教からイスラム教に集団改宗していた。カビールにとっては、神の名前がアッラーでもラーマでもよく、「人間よ、見せ掛けや狡猾さを捨てよ。カビールは言う、賤しき者は誰もいない」と説いた。異なる宗教を融合させるといったことは、後にシク教のナナクにも影響を与えていて、現在でもバラナシを中心に50万人程度のカビール派の信者がいるという。

▲左　路地で出逢った子どもたち、21世紀はインドの時代と言われる。　▲右　おしゃれなカフェも姿を現した

ग्रैंड ट्रंक रोड ;
グランド・トランク・ロード Grand Trunk Road ［★☆☆］

北インドの各都市を結ぶ大動脈グランド・トランク・ロード（GTロード）。デリーとコルカタの中間に位置するバラナシでは、鉄道駅近くから市街北側を通り、ガンジス河を越えてベンガル地方へと続いていく。古来、インドでは、北西から20以上の民族が侵入し、土着の文化と融合することで新たな文化が育まれてきた。中央アジアからガンジス河中流域、ベンガルへと続くグランド・トランク・ロードは、「覇王の道」とも呼ばれ、とくにムガル帝国時代にこの道は整備された。

INDIA
北インド

पंच कोशी;
パンチャ・クローシー巡礼路 Pancha Kroshi ［★☆☆］

シヴァ神が守護するバラナシには1500と言われる寺院があり、ヴィシュヴァナート寺院を中心にそれらの寺院を結ぶ巡礼路が展開している。この信仰の道は円を描く波紋のように五重になって外側に広がり、5日間かけて歩くパンチャ・クローシー巡礼路が知られる。この巡礼路にはインド中の神々を祀った108つの寺院や祠があって、5日間かけて歩くとインド中の聖域を巡礼したとみなされるのだという。

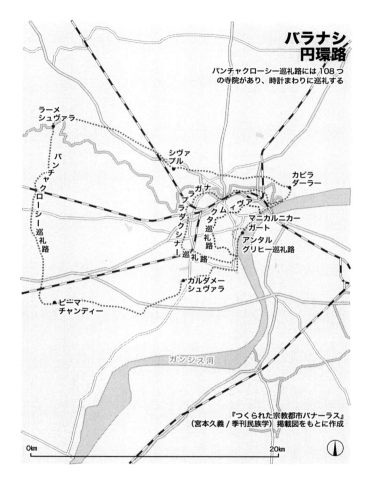

城市の
うつり
かわり

Varanasi 城市のうつりかわり

ヴァラーナースィー、バナーラス、ベナレス
これらの呼称はこの街の変遷を物語っている
聖地をめぐる 3000 年の興亡

バラナシ古代の姿（紀元前 10 〜前 9 世紀）

街の北を流れるワルナー川と南を流れるアッスィー川のあいだに位置することからとられたバラナシという地名。アーリア人がインド西北からガンジス河中流域へ進出したのが紀元前 1000 年ごろで、バラナシはそのころから宗教聖地だったという。ガンジス河とワルナー川が合流点する近くの台地からは、紀元前 9 世紀ごろの集落跡が確認されており、ここから南に街は発展していったと考えられる。

INDIA
北インド

古代インドのカーシー国 Kashi（紀元前6〜前5世紀）

紀元前6〜前5世紀ごろの北インドには16の大国があり、ヴァラーナスィーに都をおくカーシー国はそのひとつだった（カーシーとは「光り輝く」を意味する）。カーシーという名前はカーシー国がコーサラ国に滅ぼされたあとも、バラナシの古名として残り、「カーシャム・マラナム・ムクティ（カーシーで死ねば、解脱を得られる）」と言われる。バラモンが多く集まっていたカーシー国の都の郊外（サールナート）でブッダがはじめて説法を行なったことが注目される。

▲左 ガートのにぎわい、ここがバラナシの中心。　▲右 綿製品を売る店が軒をつらねる

シヴァ神の聖地、ヴァラーナスィー Varanasi
（4世紀〜12世紀）

諸王朝の庇護のもと、シヴァ信仰が優勢になり、5世紀にヴィシュヴェーシュヴァラ寺院（ヴィシュヴァナート寺院の原型）が建てられ、バラナシの地位は不動のものになった。4〜6世紀ごろのグプタ朝、7世紀のハルシャバルダナ王以後12世紀まで、北インドでは小勢力が割拠していたが、バラナシを中心としたヒンドゥー信仰はさかんになった。

INDIA
北インド

イスラムの侵入とバナーラス Banaras（12〜18世紀）

10世紀のガズニ朝以来、イスラム教徒が本格的にインドに侵入し、続くゴール朝はガンジス河中流域にも進出した。聖地バラナシはイスラムの標的となり、1193年、ヴィシュヴェーシュヴァラ寺院が破壊された。以来、18世紀までバラナシはイスラム勢力の統治下となり、支配者のウルドゥー語で「バナーラス」と呼ばれるようになった。ムガル帝国第6代アウラングゼーブ帝はバラナシのヒンドゥー寺院をとり壊し、その場所にモスクを建てたためにヒンドゥー教徒の反感を買った。この時代、イスラム教に改宗する人、チャイタ

▲左 ガンジス河のほとりで3000年のときを刻んできた。　▲右 バラナシにはイスラム教徒も多く暮らす

ニヤやトゥルシーダースといったヒンドゥー聖者、詩人がこの街で生まれた。

バラナシ藩王国時代（18、20世紀）

ムガル帝国第6代アウラングゼーブ帝の死後、帝国は大きくゆらぎ、各地方の勢力が独立するようになった。バラナシでは、1725年にこの地方の有力者マナサラムがムガル皇帝より徴税権をあたえられ、実質的にバラナシの支配者となった。マナサラムの息子バルワント・シンは1738年にバラナシ藩王国を樹立し、今も残るラムナガル城が造営された。藩王国

INDIA
北インド

はその後、1794年にコルカタから進出してきたイギリスの支配下に入ったが、20世紀になってから再び地元の有力者ナラヤン・シンに領主権があたえられ、その子孫はマハラジャとして人々に慕われるようになった。

イギリス統治とベナレス Benares（18世紀〜20世紀）

ムガル帝国の弱体にともなってデカン高原のマラータ同盟（ヒンドゥー教徒）が台頭し、18世紀以降、聖地バラナシの寺院やガートの多くが再建された。一方、コルカタを拠点としたイギリス東インド会社がベンガル地方の徴税権を得て、

Varanasi 城市のうつりかわり

インドに割拠する勢力のひとつとなっていた。1794年、バラナシは東インド会社に併合され、川や湖の埋め立て、道路や公園の整備が進められた（北側のカントメント）。また「衛生的でない（伝染病のもととなる）」という理由から、ガンジス河畔の火葬場が閉鎖されようとしたが、人々の反対を受け、その信仰を認めざるをえなかった（イギリス人はインドの統治にあたって『マヌ法典』を参考にしている）。この時代、「バナーラス」はイギリス人に「ベナレス」と英語風に呼ばれたため、この呼称が日本にも入って定着した。

INDIA
北インド

そして現在、ヴァラーナスィー Varanasi（20世紀〜）

3000年続くヒンドゥー教の聖地、また500年にわたってイスラム勢力の支配を受けたバラナシ。そのあいだこの街はカーシー、バナーラス、ベナレスなどさまざまな名前で呼ばれてきたが、現在はサンスクリット語の「ヴァラーナスィー（バラナシ）」が用いられている。ひとつの街が聖地としてこれほど長いあいだ持続した例は世界でもほとんど見られず、「バラナシは歴史より古く、伝統より古く、伝説よりも古い」（マーク・トウェイン）と語られている。

Varanasi 城市のうつりかわり

参考文献

『ガンジスの聖地』(中村元・肥塚隆 / 講談社)

『NHK アジア古都物語 ベナレス』(NHK 取材班 /NHK 出版)

『都市の顔・インドの旅』(坂田貞二 / 春秋社)

『ヒンドゥー聖地思索の旅』(宮本久義 / 山川出版社)

『北インド』(辛島昇・坂田貞二 / 山川出版社)

『アジア読本インド』(小西正捷 / 河出書房新社)

『シヴァと女神たち』(立川武蔵 / 山川出版社)

『南アジアを知る事典』(平凡社)

まちごとパブリッシングの旅行ガイド
Machigoto INDIA , Machigoto ASIA , Machigoto CHINA

【北インド - まちごとインド】

001 はじめての北インド
002 はじめてのデリー
003 オールド・デリー
004 ニュー・デリー
005 南デリー
012 アーグラ
013 ファテープル・シークリー
014 バラナシ
015 サールナート
022 カージュラホ
032 アムリトサル

【西インド - まちごとインド】

001 はじめてのラジャスタン
002 ジャイプル
003 ジョードプル
004 ジャイサルメール
005 ウダイプル
006 アジメール（プシュカル）
007 ビカネール
008 シェカワティ
011 はじめてのマハラシュトラ
012 ムンバイ
013 プネー
014 アウランガバード
015 エローラ
016 アジャンタ
021 はじめてのグジャラート
022 アーメダバード
023 ヴァドダラー（チャンパネール）
024 ブジ（カッチ地方）

【東インド - まちごとインド】

002 コルカタ
012 ブッダガヤ

【南インド - まちごとインド】

001 はじめてのタミルナードゥ
002 チェンナイ
003 カーンチプラム
004 マハーバリプラム
005 タンジャヴール
006 クンバコナムとカーヴェリー・デルタ
007 ティルチラパッリ
008 マドゥライ
009 ラーメシュワラム
010 カニャークマリ
021 はじめてのケーララ
022 ティルヴァナンタプラム
023 バックウォーター（コッラム〜アラップーザ）
024 コーチ（コーチン）
025 トリシュール

【ネパール - まちごとアジア】

001 はじめてのカトマンズ
002 カトマンズ
003 スワヤンブナート

004 パタン
005 バクタプル
006 ポカラ
007 ルンビニ
008 チトワン国立公園

【バングラデシュ - まちごとアジア】

001 はじめてのバングラデシュ
002 ダッカ
003 バゲルハット（クルナ）
004 シュンドルボン
005 プティア
006 モハスタン（ボグラ）
007 パハルプール

【パキスタン - まちごとアジア】

002 フンザ
003 ギルギット（KKH）
004 ラホール
005 ハラッパ
006 ムルタン

【イラン - まちごとアジア】

001 はじめてのイラン
002 テヘラン
003 イスファハン
004 シーラーズ
005 ペルセポリス
006 パサルガダエ（ナグシェ・ロスタム）
007 ヤズド
008 チョガ・ザンビル（アフヴァーズ）
009 タブリーズ

010 アルダビール

【北京 - まちごとチャイナ】

001 はじめての北京
002 故宮（天安門広場）
003 胡同と旧皇城
004 天壇と旧崇文区
005 瑠璃廠と旧宣武区
006 王府井と市街東部
007 北京動物園と市街西部
008 頤和園と西山
009 盧溝橋と周口店
010 万里の長城と明十三陵

【天津 - まちごとチャイナ】

001 はじめての天津
002 天津市街
003 浜海新区と市街南部
004 薊県と清東陵

【上海 - まちごとチャイナ】

001 はじめての上海
002 浦東新区
003 外灘と南京東路
004 淮海路と市街西部
005 虹口と市街北部
006 上海郊外（龍華・七宝・松江・嘉定）
007 水郷地帯（朱家角・周荘・同里・甪直）

【河北省 - まちごとチャイナ】

001 はじめての河北省
002 石家荘
003 秦皇島
004 承徳
005 張家口
006 保定
007 邯鄲

【江蘇省 - まちごとチャイナ】

001 はじめての江蘇省
002 はじめての蘇州
003 蘇州旧城
004 蘇州郊外と開発区
005 無錫
006 揚州
007 鎮江
008 はじめての南京
009 南京旧城
010 南京紫金山と下関
011 雨花台と南京郊外・開発区
012 徐州

【浙江省 - まちごとチャイナ】

001 はじめての浙江省
002 はじめての杭州
003 西湖と山林杭州
004 杭州旧城と開発区
005 紹興
006 はじめての寧波
007 寧波旧城
008 寧波郊外と開発区
009 普陀山
010 天台山
011 温州

【福建省 - まちごとチャイナ】

001 はじめての福建省
002 はじめての福州
003 福州旧城
004 福州郊外と開発区
005 武夷山
006 泉州
007 厦門
008 客家土楼

【広東省 - まちごとチャイナ】

001 はじめての広東省
002 はじめての広州
003 広州古城
004 天河と広州郊外
005 深圳(深セン)
006 東莞
007 開平(江門)
008 韶関
009 はじめての潮汕
010 潮州
011 汕頭

【遼寧省 - まちごとチャイナ】

001 はじめての遼寧省
002 はじめての大連
003 大連市街
004 旅順
005 金州新区

006 はじめての瀋陽
007 瀋陽故宮と旧市街
008 瀋陽駅と市街地
009 北陵と瀋陽郊外
010 撫順

【重慶 - まちごとチャイナ】

001 はじめての重慶
002 重慶市街
003 三峡下り（重慶～宜昌）
004 大足

【香港 - まちごとチャイナ】

001 はじめての香港
002 中環と香港島北岸
003 上環と香港島南岸
004 尖沙咀と九龍市街
005 九龍城と九龍郊外
006 新界
007 ランタオ島と島嶼部

【マカオ - まちごとチャイナ】

001 はじめてのマカオ
002 セナド広場とマカオ中心部
003 媽閣廟とマカオ半島南部
004 東望洋山とマカオ半島北部
005 新口岸とタイパ・コロアン

【Juo-Mujin（電子書籍のみ）】

Juo-Mujin 香港縦横無尽
Juo-Mujin 北京縦横無尽
Juo-Mujin 上海縦横無尽

【自力旅游中国 Tabisuru CHINA】

001 バスに揺られて「自力で長城」
002 バスに揺られて「自力で石家荘」
003 バスに揺られて「自力で承徳」
004 船に揺られて「自力で普陀山」
005 バスに揺られて「自力で天台山」
006 バスに揺られて「自力で秦皇島」
007 バスに揺られて「自力で張家口」
008 バスに揺られて「自力で邯鄲」
009 バスに揺られて「自力で保定」
010 バスに揺られて「自力で清東陵」
011 バスに揺られて「自力で潮州」
012 バスに揺られて「自力で汕頭」
013 バスに揺られて「自力で温州」

【車輪はつばさ】
南インドのアイラヴァテシュワラ寺院には建築本体に車輪がついていて寺院に乗った神さまが人びとの想いを運ぶと言います。

・本書はオンデマンド印刷で作成されています。
・本書の内容に関するご意見、お問い合わせは、発行元の
　まちごとパブリッシング info@machigotopub.com までお願いします。

まちごとインド
北インド014バラナシ
〜ガンジス河と「世界軸」［モノクロノートブック版］

2017年11月14日　発行

著　者	「アジア城市（まち）案内」制作委員会
発行者	赤松　耕次
発行所	まちごとパブリッシング株式会社
	〒181-0013　東京都三鷹市下連雀4-4-36
	URL　http://www.machigotopub.com/
発売元	株式会社デジタルパブリッシングサービス
	〒162-0812　東京都新宿区西五軒町11-13
	清水ビル3F
印刷・製本	株式会社デジタルパブリッシングサービス
	URL　http://www.d-pub.co.jp/

MP008

ISBN978-4-86143-142-5 C0326　　　Printed in Japan
本書の無断複製複写（コピー）は、著作権法上での例外を除き、禁じられています。

ISBN978-4-86143-142-5